Impressum
Verlag: BABADADA GmbH, Nedderfeld 112 , 22529 Hamburg
Geschäftsführer / Verlagsleitung: Harald Hof
Druck: Books on Demand GmbH, In de Tarpen 42, 22848 Norderstedt

Imprint
Publisher: BABADADA GmbH, Nedderfeld 112 , 22529 Hamburg, Germany
Managing Director / Publishing direction: Harald Hof
Print: Books on Demand GmbH, In de Tarpen 42, 22848 Norderstedt

школа

koulu

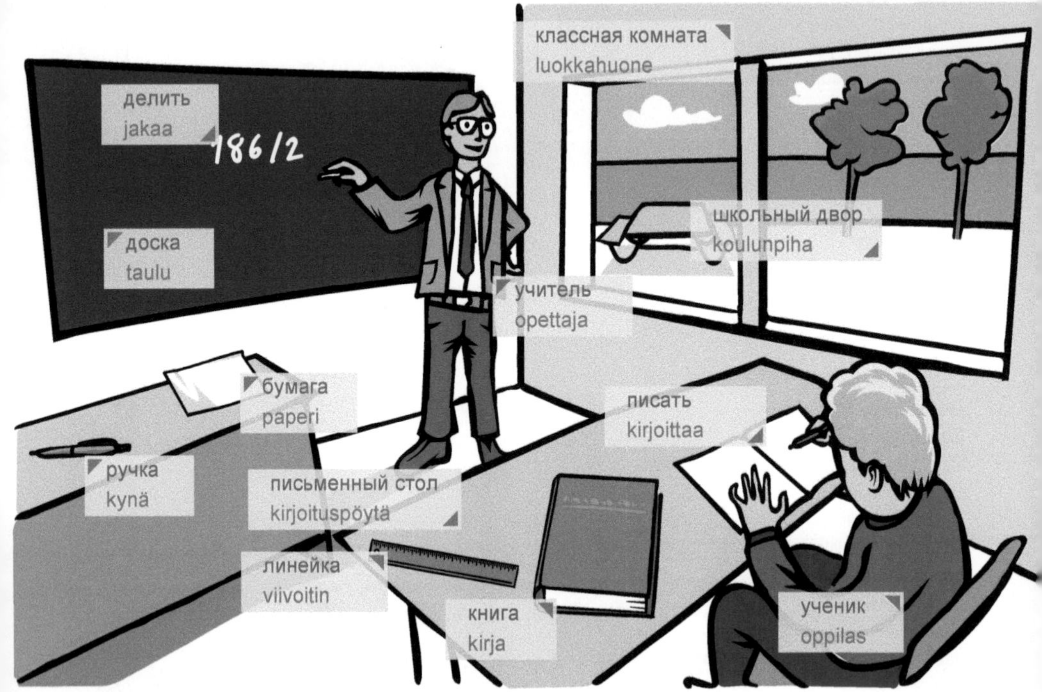

классная комната
luokkahuone
делить
jakaa
186/2
доска
taulu
школьный двор
koulunpiha
учитель
opettaja
бумага
paperi
писать
kirjoittaa
ручка
kynä
письменный стол
kirjoituspöytä
линейка
viivoitin
книга
kirja
ученик
oppilas

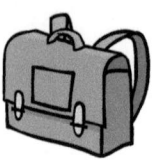

ранец

reppu

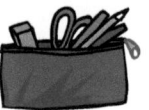

пенал

penaali

карандаш

lyijykynä

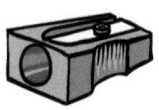

точилка

kynänteroitin

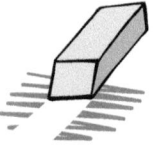

ластик

pyyhekumi

альбом для рисования

piirustuslehtiö

рисунок

piirustus

кисточка

pensseli

коробка красок

vesivärit

ножницы

sakset

клей

liima

тетрадь

harjoituskirja

домашняя работа

kotitehtävä

цифра

luku

2+2

прибавлять

lisätä

5-2

вычитать

vähentää

2×2

умножать

kertoa

считать

laskea

буква

kirjain

алфавит

aakkoset

слово

sana

текст

teksti

читать

lukea

мел

liitu

урок

oppitunti

классный журнал

opettajan muistikirja

экзамен

koe

диплом

todistus

школьная форма

koulupuku

образование

koulutus

энциклопедия

sanakirja

университет

yliopisto

микроскоп

mikroskooppi

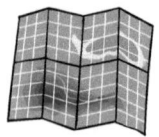

карта

kartta

корзина для бумаг

roskakori

путешествие

matka

гостиница
hotelli
Grand
турбаза
retkeilymaja
ROOMS
EXCHANGE
пункт обмена валюты
rahanvaihto
чемодан
matkalaukku
автомобиль
auto

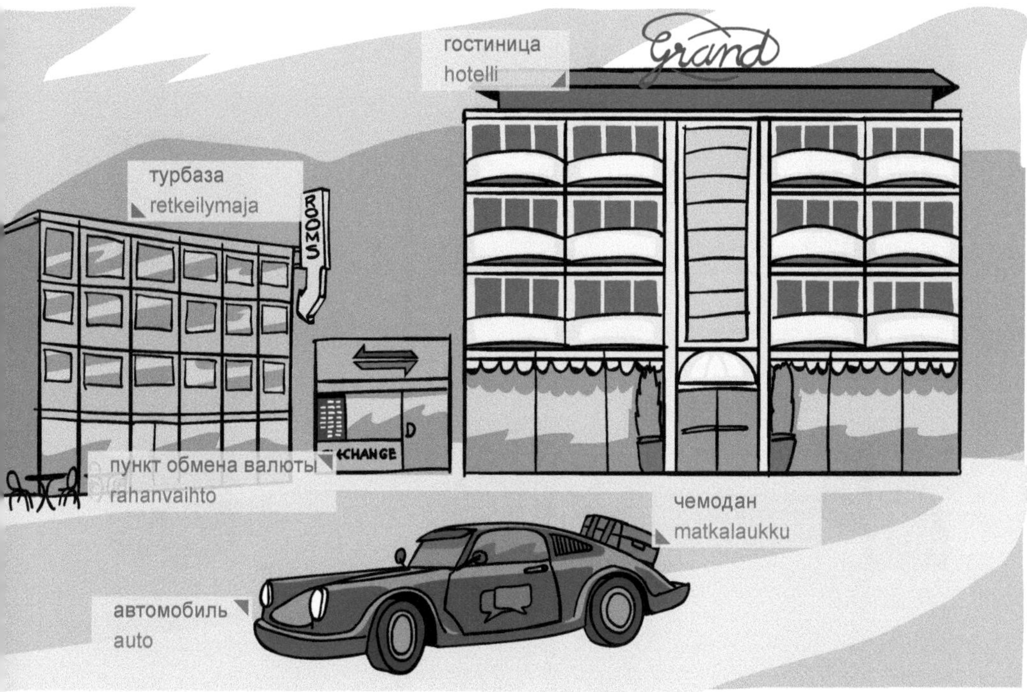

язык

kieli

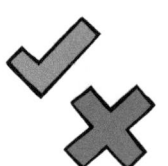

да / нет

kyllä / ei

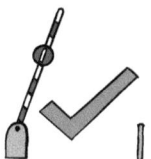

хорошо

selvä

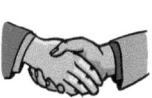

Привет

hei

переводчик

tulkki

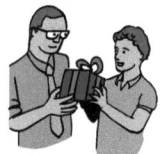

Спасибо

kiitos

Сколько стоит…?

Paljonko…maksaa?

Я не понимаю

en ymmärrä

проблема

ongelma

Добрый вечер!

Hyvää iltaa!

Доброе утро!

Hyvää huomenta!

Доброй ночи!

Hyvää yötä!

До свидания

näkemiin

направление

suunta

багаж

matkatavarat

сумка

laukku

рюкзак

reppu

гость

vieras

комната

huone

спальный мешок

makuupussi

палатка

teltta

туристическая информация
turisti-info

пляж
ranta

кредитная карточка
luottokortti

завтрак
aamupala

обед
lounas

ужин
päivällinen

билет
matkalippu

лифт
hissi

почтовая марка
postimerkki

граница
raja

таможня
tulli

посольство
suurlähetystö

виза
viisumi

паспорт
passi

транспорт
kuljetus

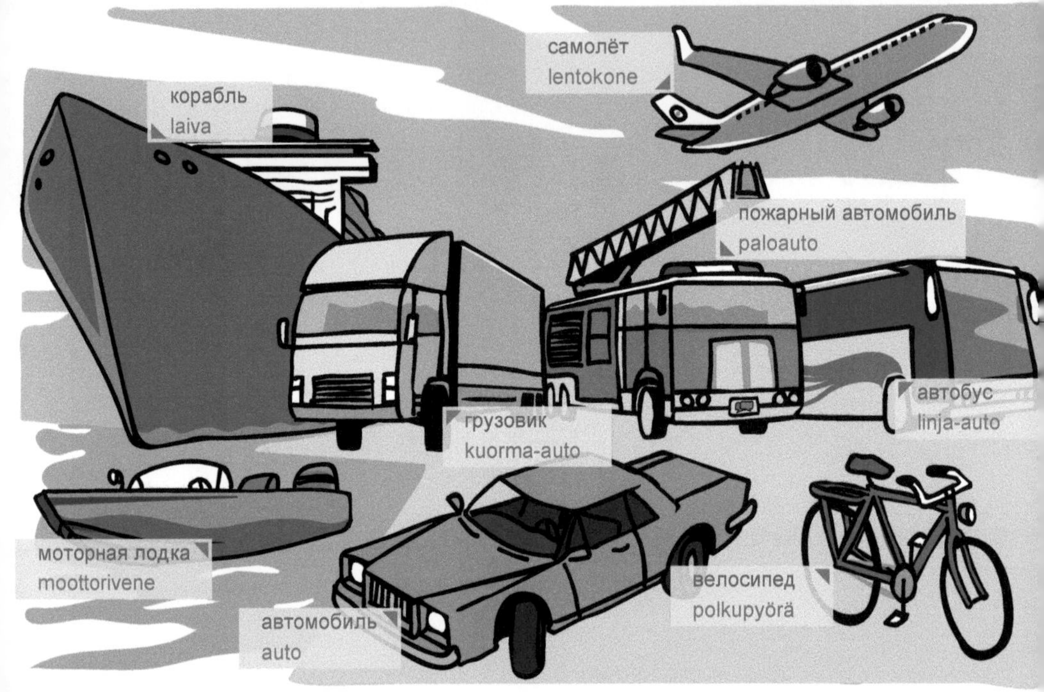
самолёт
lentokone
корабль
laiva
пожарный автомобиль
paloauto
автобус
linja-auto
грузовик
kuorma-auto
моторная лодка
moottorivene
велосипед
polkupyörä
автомобиль
auto

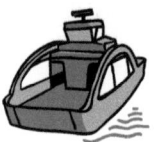

паром
lautta

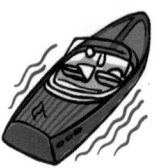

лодка
vene

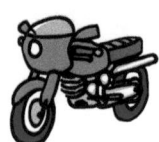

мотоцикл
moottoripyörä

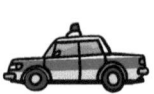

полицейский автомобиль
poliisiauto

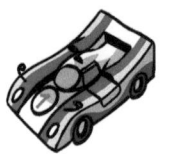

гоночный автомобиль
kilpa-auto

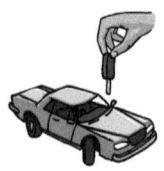

арендованный автомобиль
vuokra-auto

совместное пользование
автомобилями

car sharing

буксировочный
автомобиль
hinausauto

мусоровоз

roska-auto

двигатель

moottori

топливо

polttoaine

заправка

huoltoasema

дорожный знак

liikennemerkki

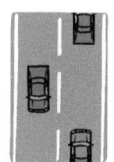

движение

liikenne

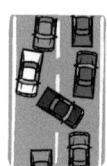

пробка

ruuhka

автостоянка

parkkipaikka

вокзал

rautatieasema

рельсы

raiteet

поезд

juna

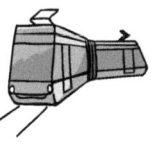

трамвай

raitiovaunu

вагон

vaunu

вертолёт

helikopteri

аэропорт

lentokenttä

вышка

lähilennonjohto

пассажир

matkustaja

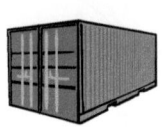

контейнер

kontti

коробка

pahvilaatikko

тележка

kärryt

корзина

kori

взлетать / приземляться

nousta / laskea

город
kaupunki

деревня

kylä

центр города

keskusta

дом

talo

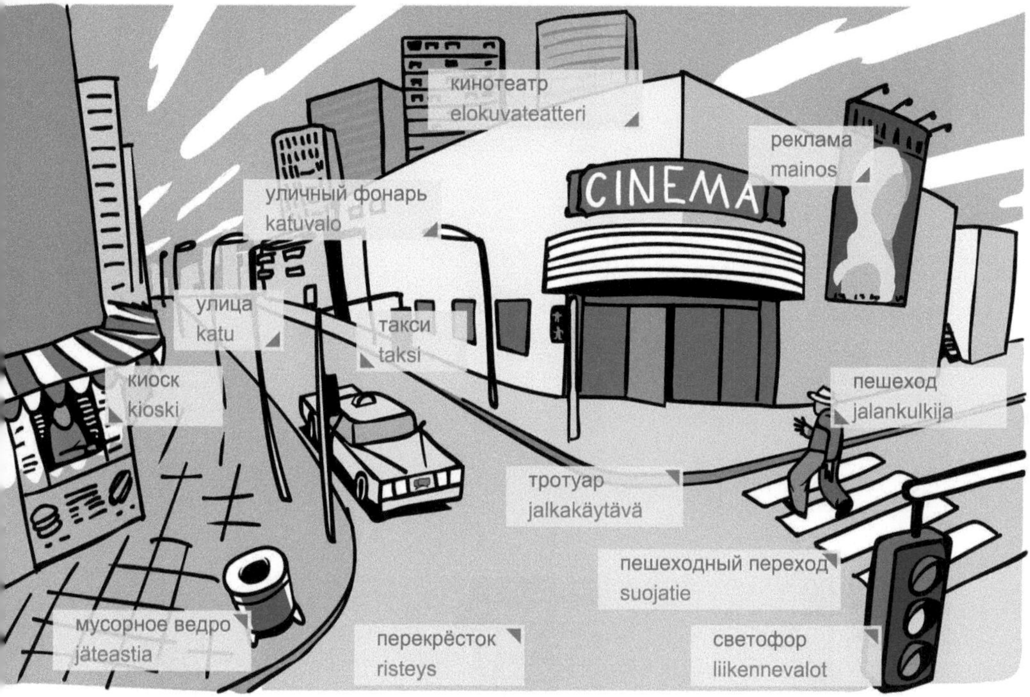
кинотеатр
elokuvateatteri
реклама
mainos
CINEMA
уличный фонарь
katuvalo
улица
katu
такси
taksi
киоск
kioski
пешеход
jalankulkija
тротуар
jalkakäytävä
пешеходный переход
suojatie
мусорное ведро
jäteastia
перекрёсток
risteys
светофор
liikennevalot

хижина

mökki

квартира

kerrostalo

вокзал

rautatieasema

ратуша

kaupungintalo

MUSEUM

музей

museo

школа

koulu

университет

yliopisto

банк

pankki

больница

sairaala

гостиница

hotelli

аптека

apteekki

офис

toimisto

книжный магазин

kirjakauppa

магазин

liike

цветочный магазин

kukkakauppa

супермаркет

supermarketti

рынок

tori

универмаг

tavaratalo

торговец рыбой

kalakauppias

торговый центр

ostoskeskus

порт

satama

парк
puisto

скамейка
penkki

мост
silta

лестница
portaat

метро
metro

тоннель
tunneli

автобусная остановка
linja-autopysäkki

бар
baari

ресторан
ravintola

почтовый ящик
postilaatikko

табличка с названием улицы
katukyltti

паркометр
parkkimittari

зоопарк
eläintarha

бассейн
uimala

мечеть
moskeija

ферма

maatila

загрязнение окружающей среды

ympäristön saastuminen

кладбище

hautausmaa

церковь

kirkko

детская площадка

leikkikenttä

храм

temppeli

ландшафт

maisema

лист
lehti

дорожный указатель
tienviitta

дорога
tie

луг
niitty

камень
kivi

дерево
puu

путешественник
retkeilijä

река
joki

трава
ruoho

цветок
kukka

долина
laakso

гора
vuori

озеро
järvi

лес
metsä

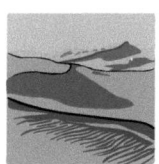

пустыня
aavikko

вулкан
tulivuori

замок
linna

радуга
sateenkaari

гриб
sieni

пальма
palmu

комар
hyttynen

муха
kärpänen

муравей
muurahainen

пчела
mehiläinen

паук
hämähäkki

жук

kovakuoriainen

лягушка

sammakko

белка

orava

еж

siili

заяц

jänis

сова

pöllö

птица

lintu

лебедь

joutsen

кабан

villisika

олень

peura

лось

hirvi

плотина

pato

ветряной генератор

tuulimylly

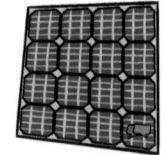

солнечная батарея

aurinkopaneeli

климат

ilmasto

ресторан
ravintola

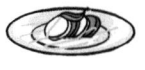

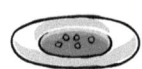

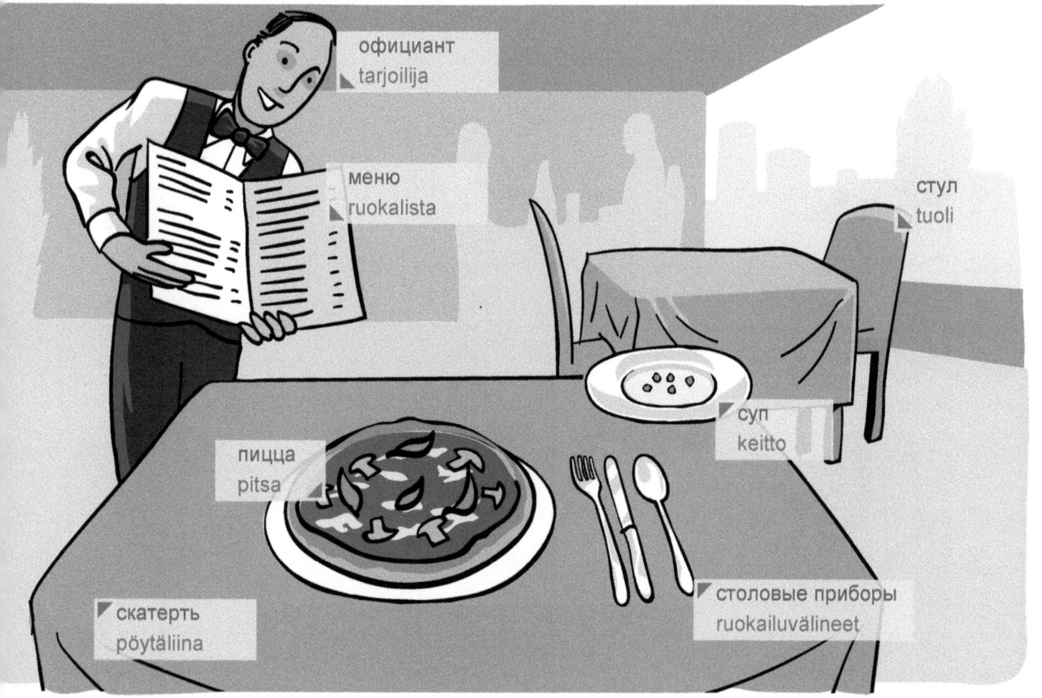
официант
tarjoilija
меню
ruokalista
стул
tuoli
суп
keitto
пицца
pitsa
скатерть
pöytäliina
столовые приборы
ruokailuvälineet

закуска

alkuruoka

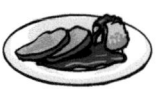

главное блюдо

pääruoka

десерт

jälkiruoka

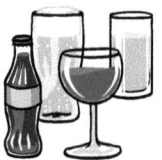

напитки

juomat

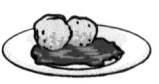

еда

ruoka

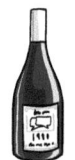

бутылка

pullo

фастфуд

pikaruoka

уличная еда

katuruoka

чайник

teekannu

сахарница

sokeriastia

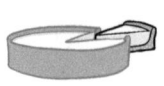

порция

annos

кофеварка

espressokeitin

детский стульчик

syöttötuoli

счет

lasku

поднос

tarjotin

нож

veitsi

вилка

haarukka

ложка

lusikka

чайная ложка

teelusikka

салфетка

servietti

стакан

lasi

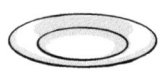

тарелка

lautanen

суповая тарелка

syvä lautanen

блюдце

aluslautanen

соус

kastike

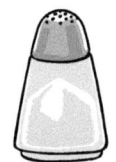

солонка

suolasirotin

мельница для перца

pippurimylly

уксус

etikka

масло

öljy

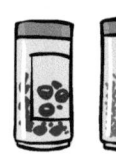

специи

mausteet

кетчуп

ketsuppi

горчица

sinappi

майонез

majoneesi

супермаркет
supermarketti

специальное предложение
tarjous
FOR
покупатель
asiakas
молочные продукты
maitotuotteet
фрукты
hedelmät
тележка для покупок
ostoskärryt

BUTCHERS

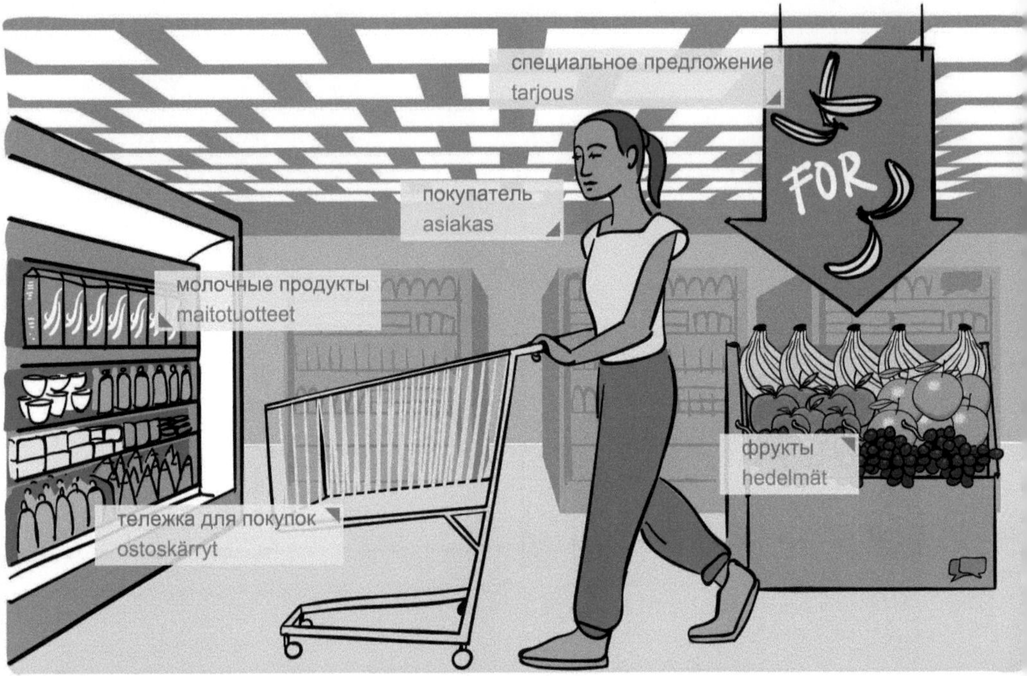

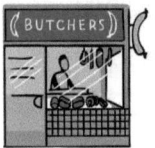

мясной магазин

teurastamo

BAKERY

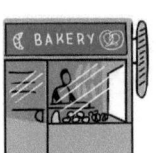

пекарня

leipomo

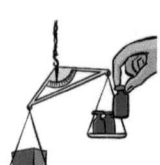

взвешивать

punnita

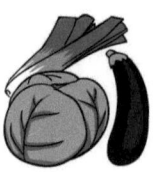

овощи

kasvikset

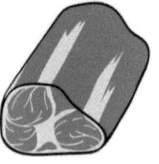

мясо

liha

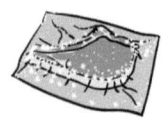

быстрозамороженные продукты

pakasteet

нарезка

leikkele

консервы

säilykkeet

стиральный порошок

pesujauhe

сладости

makeiset

предмет домашнего обихода

kotitaloustarvikkeet

моющее средство

puhdistusaineet

продавщица

myyjä

касса

kassa

кассир

kassanhoitaja

список покупок

ostoslista

время работы

aukioloajat

бумажник

lompakko

кредитная карточка

luottokortti

сумка

kassi

полиэтиленовый пакет

muovipussi

вода

vesi

сок

mehu

молоко

maito

кока-кола

kokis

вино

viini

пиво

olut

алкоголь

alkoholi

какао

kaakao

чай

tee

кофе

kahvi

эспрессо

espresso

капучино

cappuccino

банан

banaani

яблоко

omena

апельсин

appelsiini

арбуз

meloni

лимон

sitruuna

морковь

porkkana

чеснок

valkosipuli

бамбук

bambu

лук

sipuli

гриб

sieni

орехи

pähkinät

лапша

spagetti

спагетти

spagetti

рис

riisi

салат

salaatti

картофель фри

ranskalaiset

жареный картофель

paistetut perunat

пицца

pitsa

гамбургер

hampurilainen

сэндвич

voileipä

шницель

leike

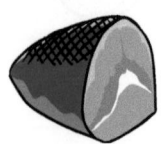

ветчина

kinkku

салями

salami

колбаса

makkara

курица

kana

жаркое

paisti

рыба

kala

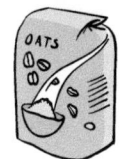

овсяные хлопья

kaurahiutaleet

мюсли

mysli

кукурузные хлопья

murot

мука

jauho

круассан

voisarvi

булочка

sämpylä

хлеб

leipä

тост

paahtoleipä

печенье

keksit

масло

voi

творог

rahka

пирог

kakku

яйцо

kananmuna

яичница

paistettu kananmuna

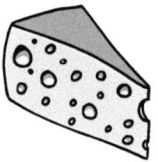

сыр

juusto

мороженое

jäätelö

сахар

sokeri

мёд

hunaja

мармелад

hillo

крем с нугой

suklaapähkinälevite

карри

curry

ферма

maatila

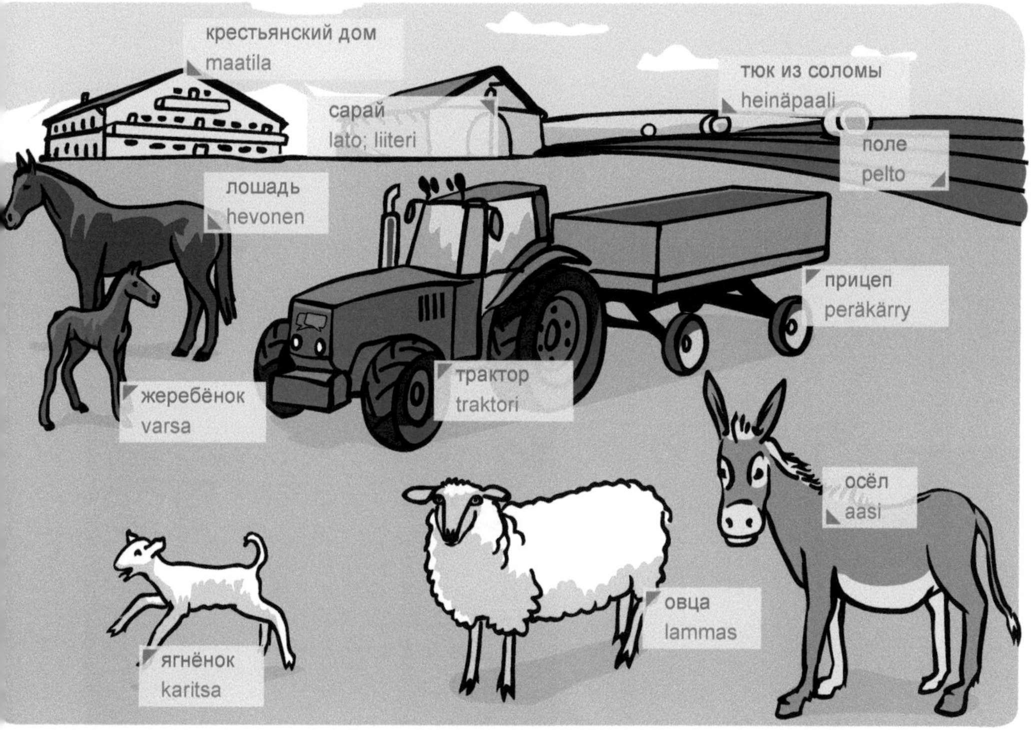

крестьянский дом
maatila
сарай
lato; liiteri
тюк из соломы
heinäpaali
поле
pelto
лошадь
hevonen
прицеп
peräkärry
трактор
traktori
жеребёнок
varsa
осёл
aasi
овца
lammas
ягнёнок
karitsa

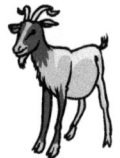

коза

vuohi

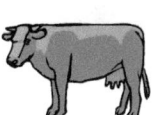

корова

lehmä

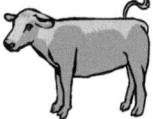

телёнок

vasikka

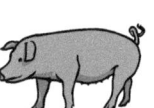

свинья

sika

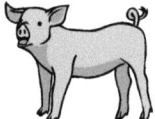

поросёнок

porsas

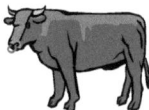

бык

sonni

гусь
hanhi

утка
ankka

цыплёнок
tipu

курица
kana

петух
kukko

крыса
rotta

кошка
kissa

мышь
hiiri

вол
härkä

собака
koira

конура
koirankoppi

садовый шланг
puutarhaletku

лейка
kastelukannu

коса
viikate

плуг
aura

серп

sirppi

мотыга

kuokka

навозные вилы

talikko

топор

kirves

тачка

kottikärryt

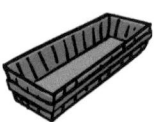

корыто

kaukalo

бидон для молока

maitokannu

мешок

säkki

забор

aita

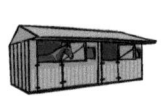

хлев

talli

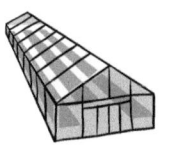

теплица

kasvihuone

почва

maa

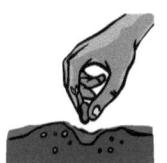

посев

siemen

удобрение

lannoite

комбайн

leikkuupuimuri

собирать урожай

kerätä sato

урожай

sato

ямс

jamssit

пшеница

vehnä

соя

soija

картофель

peruna

кукуруза

maissi

рапс

rypsi

фруктовое дерево

hedelmäpuu

маниок

maniokki

злаки

vilja

дом
talo

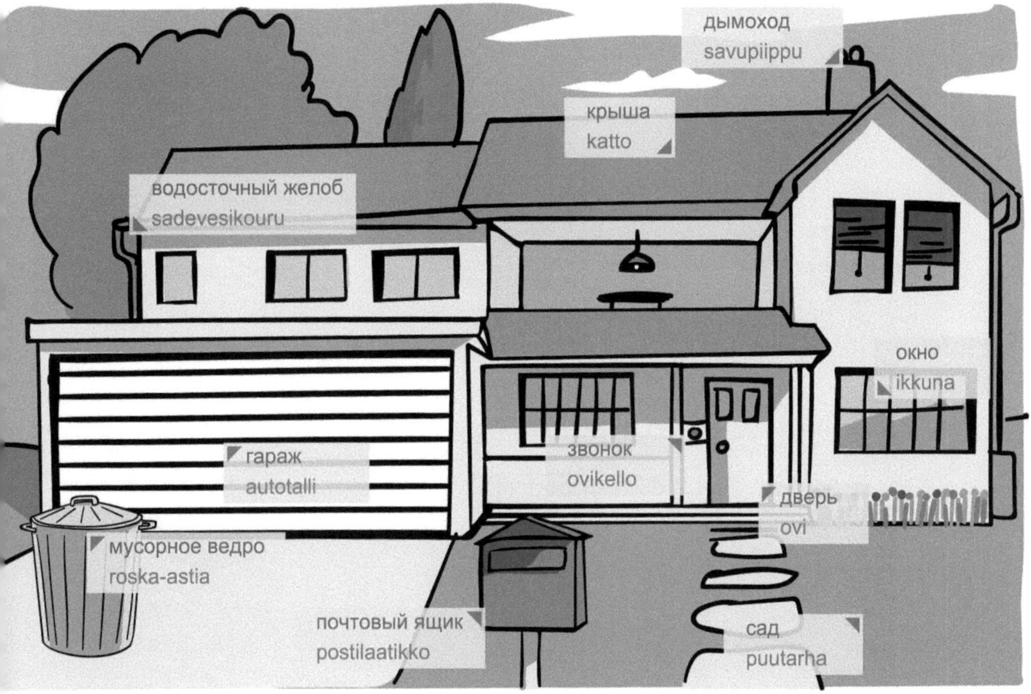
дымоход
savupiippu
крыша
katto
водосточный желоб
sadevesikouru
окно
ikkuna
гараж
autotalli
звонок
ovikello
дверь
ovi
мусорное ведро
roska-astia
почтовый ящик
postilaatikko
сад
puutarha

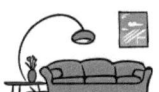

гостиная
olohuone

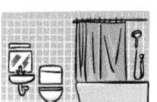

ванная комната
kylpyhuone

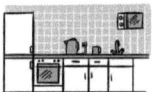

кухня
keittiö

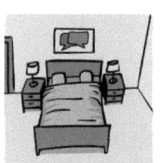

спальня
makuuhuone

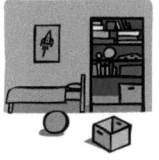

детская комната
lastenhuone

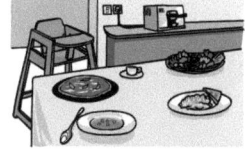

столовая
ruokahuone

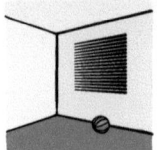

пол

lattia

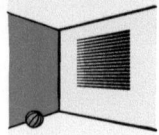

стена

seinä

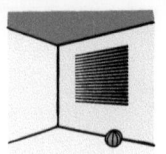

потолок

katto

подвал

kellari

сауна

sauna

балкон

parveke

терраса

terassi

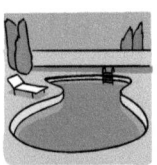

бассейн

uima-allas

газонокосилка

ruohonleikkuri

пододеяльник

lakana

покрывало

päiväpoitto

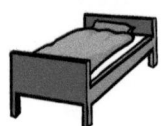

кровать

sänky

метла

harja

ведро

ämpäri

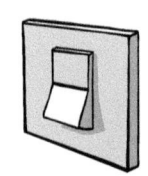

выключатель

katkaisin

гостиная
olohuone

обои
tapetti
рисунок
kuva
лампа
lamppu
полка
hylly
шкаф
kaappi
телевизор
televisio
камин
takka
цветок
kukka
подушка
tyyny
диван
sohva
ваза
maljakko
пульт дистанционного управления
kaukosäädin

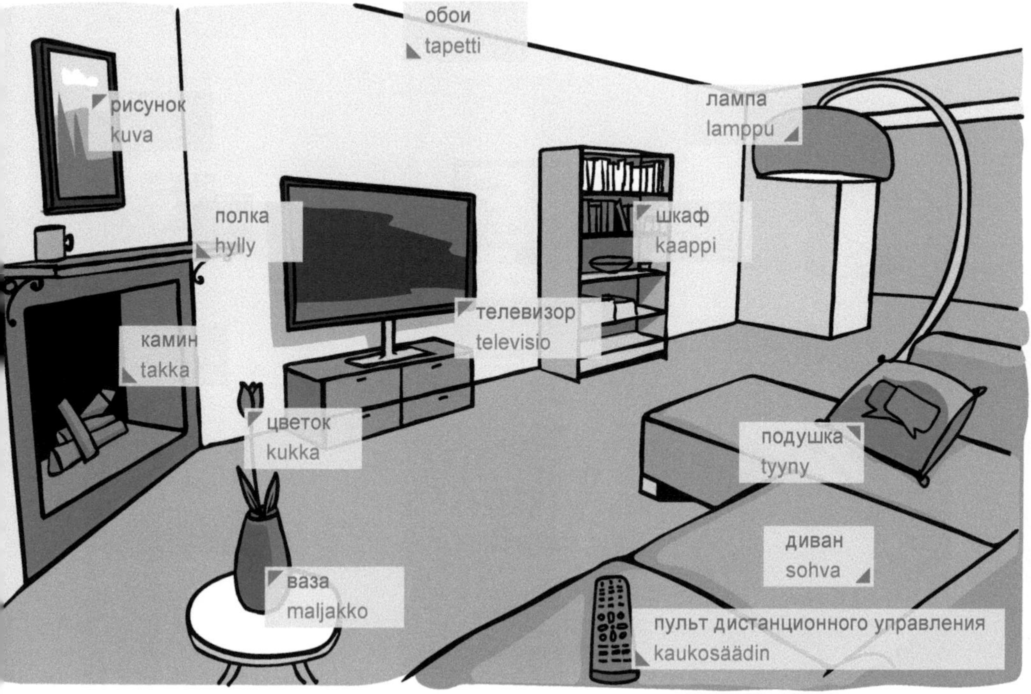

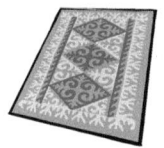

ковёр

matto

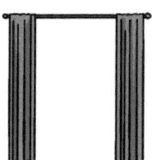

штора

verho

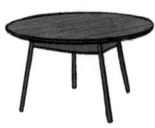

стол

pöytä

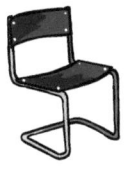

стул

tuoli

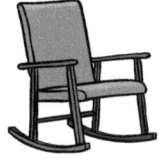

кресло-качалка

keinutuoli

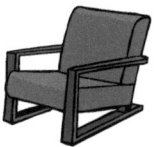

кресло

nojatuoli

книга

kirja

покрывало

peitto

украшение

koriste

дрова

polttopuut

фильм

elokuva

стереосистема

stereot

ключ

avain

газета

sanomalehti

картина

maalaus

плакат

juliste

радио

radio

блокнот

muistivihko

пылесос

pölynimuri

кактус

kaktus

свеча

kynttilä

гостиная - olohuone

кухня
keittiö

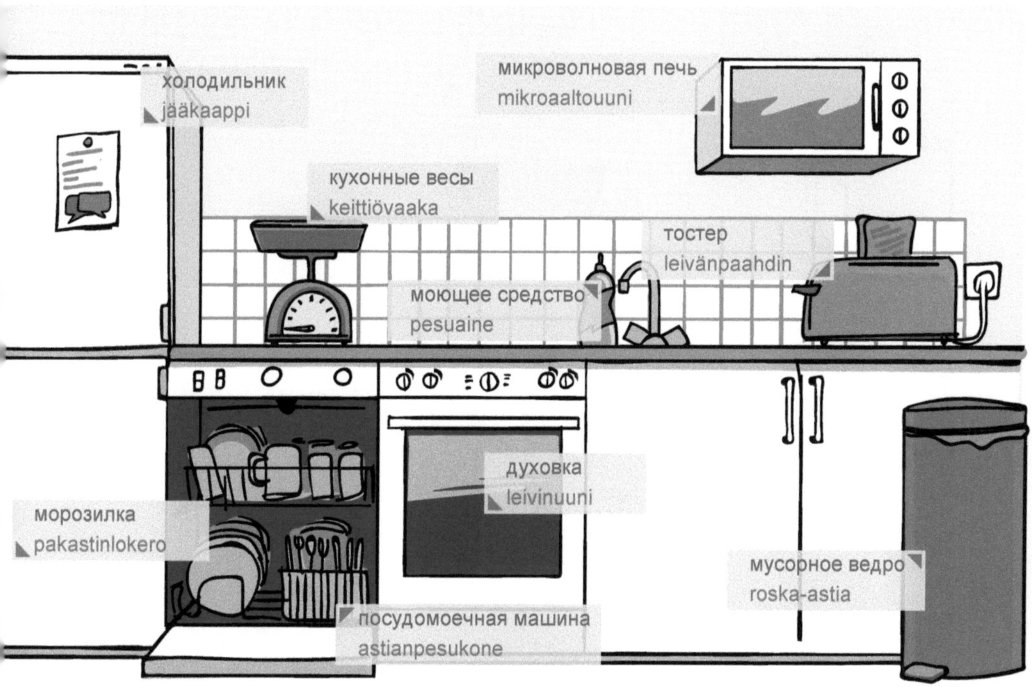
холодильник
jääkaappi
микроволновая печь
mikroaaltouuni
кухонные весы
keittiövaaka
тостер
leivänpaahdin
моющее средство
pesuaine
духовка
leivinuuni
морозилка
pakastinlokero
мусорное ведро
roska-astia
посудомоечная машина
astianpesukone

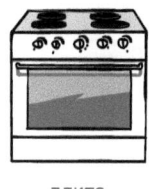

плита
liesi

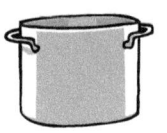

кастрюля
kattila

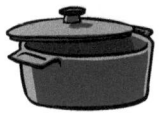

чугунный котелок
rautapata

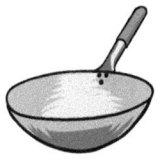

вок / кадай
vokkipannu / kadai-pannu

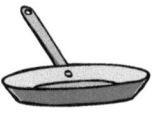

сковорода
paistinpannu

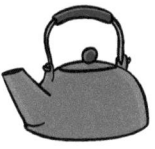

чайник
teepannu

пароварка

höyrykeitin

противень

uunipelti

посуда

astiat

кружка

muki

миска

kulho

палочки для еды

syömäpuikot

половник

kauha

лопатка

paistinlasta

сбивалка

vispilä

сито

siivilä

сито

siivilä

тёрка

raastin

ступка

mortteli

гриль

grilli

костёр

avotuli

доска

leikkuulauta

скалка

kaulin

штопор

korkinavaaja

жестяная банка

purkki

консервный нож

purkinavaaja

прихватка

pannulappu

раковина

lavuaari

щетка

tiskiharja

губка

pesusieni

миксер

tehosekoitin

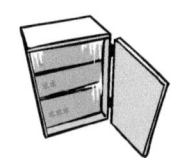

морозильная камера

pakastin

бутылочка для кормления

tuttipullo

кран

vesihana

ванная комната
kylpyhuone

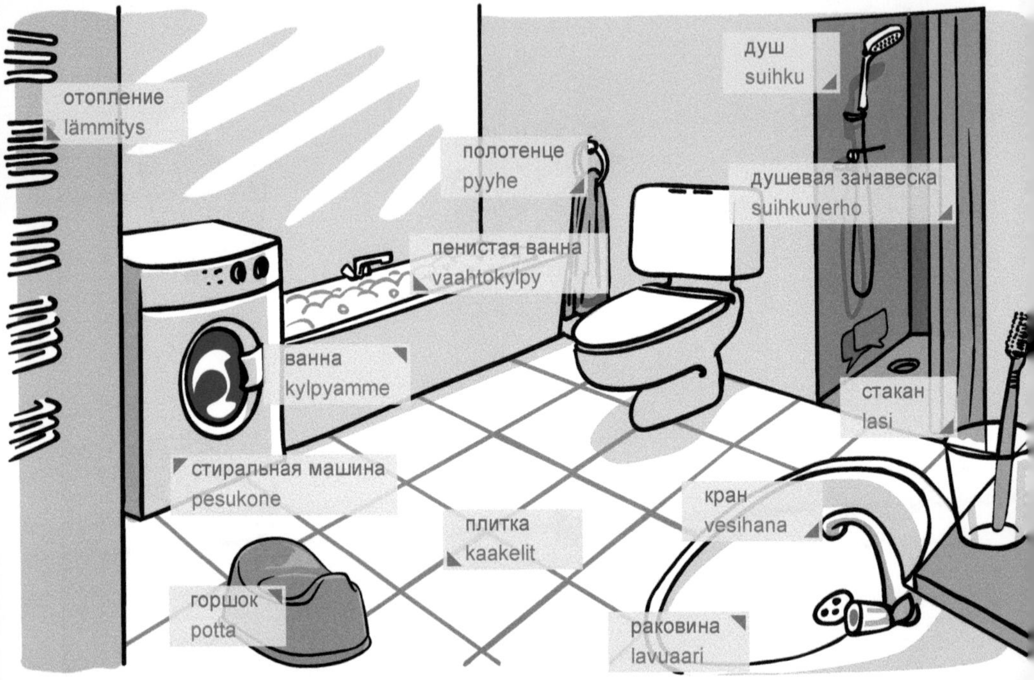

душ
suihku
отопление
lämmitys
полотенце
pyyhe
душевая занавеска
suihkuverho
пенистая ванна
vaahtokylpy
ванна
kylpyamme
стакан
lasi
стиральная машина
pesukone
кран
vesihana
плитка
kaakelit
горшок
potta
раковина
lavuaari

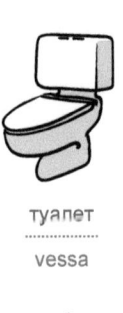

туалет
vessa

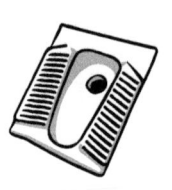

напольный унитаз
kyykkyvessa

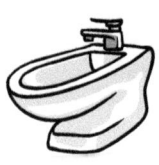

биде
bidee

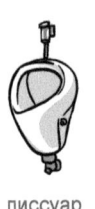

писсуар
pisuaari

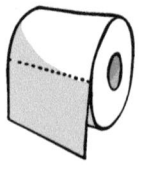

туалетная бумага
vessapaperi

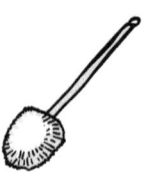

ершик
vessaharja

зубная щетка

hammasharja

зубная паста

hammastahna

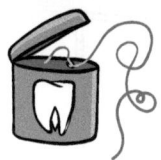

зубная нить

hammaslanka

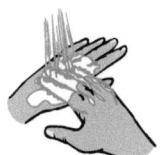

мыть

pestä

ручной душ

käsisuihku

интимный душ

intiimisuihku

таз

pesuvati

щетка для спины

selkäharja

мыло

saippua

гель для душа

suihkugeeli

шампунь

shampoo

мочалка

pesulappu

сток

viemäri

крем

voide

дезодорант

deodorantti

зеркало

peili

ручное зеркало

käsipeili

бритва

partaveitsi

пена для бритья

partavaahto

лосьон после бритья

partavesi

расческа

kampa

щетка

harja

фен

hiustenkuivaaja

лак для волос

hiuslakka

косметика

meikki

губная помада

huulipuna

лак для ногтей

kynsilakka

вата

pumpuli

маникюрные ножницы

kynsisakset

духи

hajuvesi

косметичка

kosmetiikkalaukku

табуретка

jakkara

весы

vaaka

халат

kylpytakki

резиновые перчатки

kumihansikkaat

тампон

tamponi

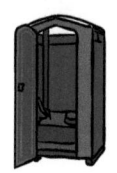

гигиеническая прокладка

terveysside

биотуалет

kemiallinen wc

детская комната
lastenhuone

будильник
herätyskello
мягкая игрушка
pehmolelu
игрушечный автомобиль
leikkiauto
погремушка
helistin
кукольный домик
nukkekoti
подарок
lahja

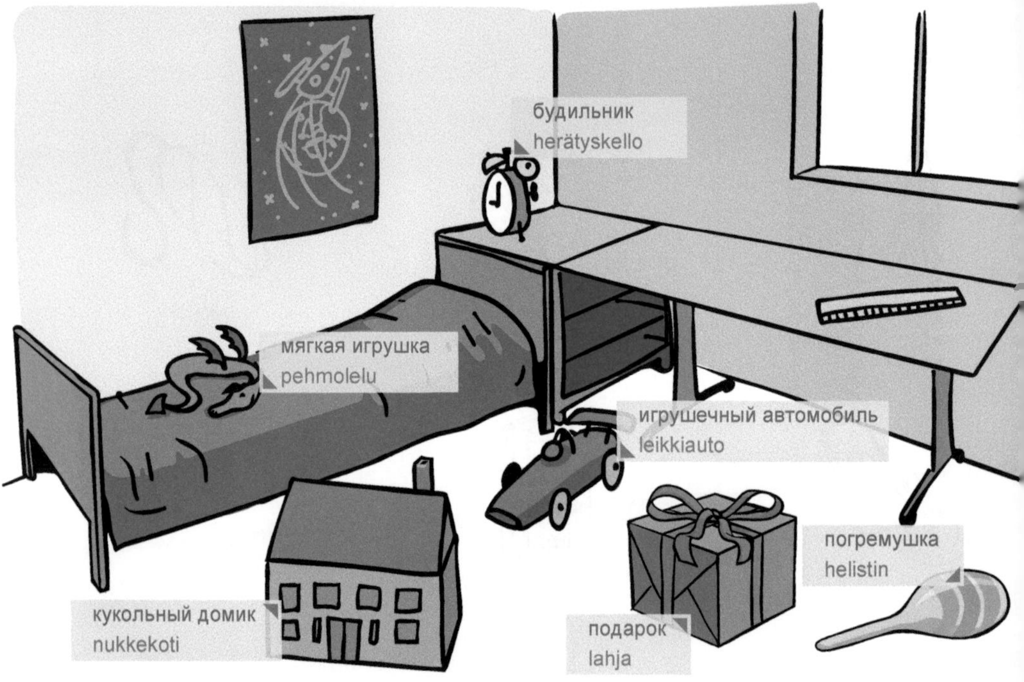

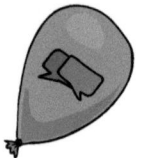

воздушный шар

ilmapallo

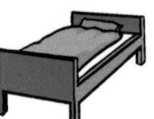

кровать

sänky

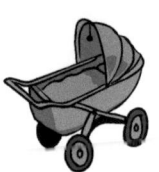

детская коляска

lastenvaunut

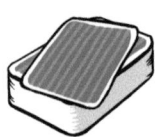

карточная игра

korttipeli

пазл

palapeli

SUPER MEGA

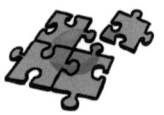

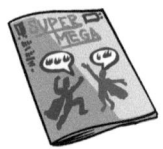

комикс

sarjakuva

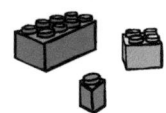

кирпичики Лего

legopalikat

кубики

rakennuspalikat

игрушечная фигурка

supersankari

ползунки

potkupuku

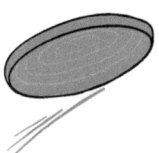

фрисби

frisbee

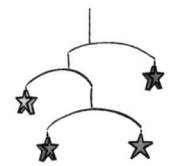

мобиле

mobile

настольная игра

lautapeli

кубик

noppa

модель железной дороги

pienoisjunarata

соска

tutti

вечеринка

juhlat

книга с картинками

kuvakirja

мяч

pallo

кукла

nukke

играть

leikkiä

песочница

hiekkalaatikko

качели

keinu

игрушка

lelut

игровая приставка

pelikonsoli

трёхколесный велосипед

kolmipyörä

плюшевый медвежонок

nalle

шкаф для одежды

vaatekaappi

одежда

vaatteet

носки

sukat

чулки

nylonsukat

колготки

sukkahousut

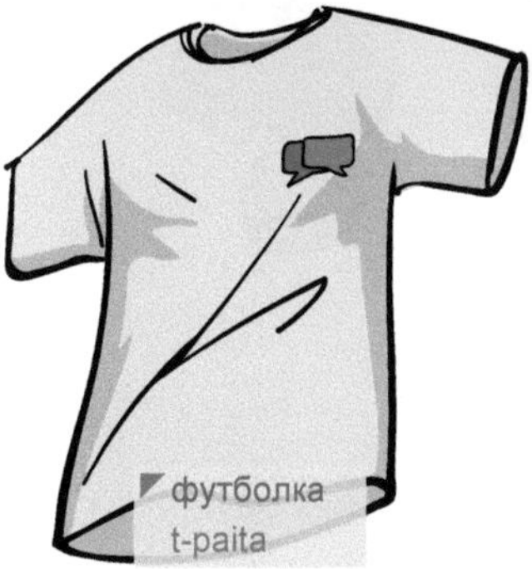

шарф
kaulaliina

ремень
vyö

зонтик
sateenvarjo

футболка
t-paita

кроссовки
lenkkarit

сапоги
saappaat

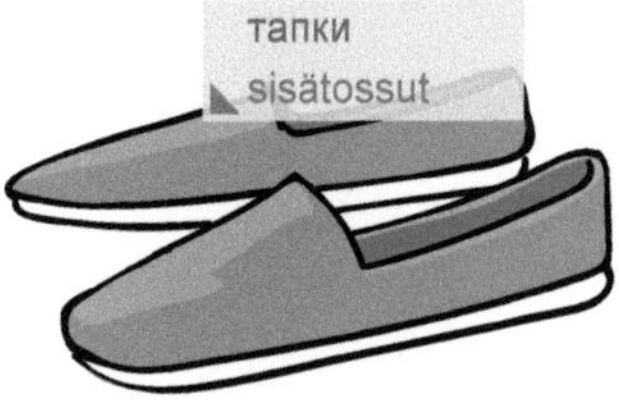

тапки
sisätossut

сандалии
sandaalit

ботинки
kengät

резиновые сапоги
kumisaappaat

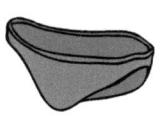

трусы
alushousut

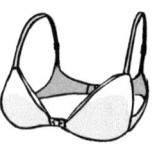

бюстгальтер
rintaliivit

майка
aluspaita

одежда - vaatteet

боди

body

брюки

housut

джинсы

farkut

юбка

hame

блузка

pusero

рубашка

paita

свитер

villapaita

свитер

collegepaita

спортивная куртка

jakku

жакет

takki

пальто

takki

плащ

sadetakki

костюм

puku

платье

mekko

свадебное платье

hääpuku

мужской костюм

puku

ночная сорочка

yöpaita

пижама

pyjama

сари

shari

платок

päähuivi

тюрбан

turbaani

паранджа

burka

кафтан

kaftaani

абайя

abaya

купальник

uimapuku

плавки

uimahousut

шорты

shortsit

спортивный костюм

verkkarit

фартук

esiliina

перчатки

käsineet

одежда - vaatteet

пуговица

nappi

очки

silmälasit

браслет

rannekoru

цепочка

kaulakoru

кольцо

sormus

серьга

korvakoru

шапка

lippalakki

вешалка

ripustin

шляпа

hattu

галстук

solmio

застежка молния

vetoketju

шлом

kypärä

подтяжки

henkselit

школьная форма

koulupuku

форма

univormu

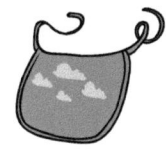

детский нагрудник

ruokalappu

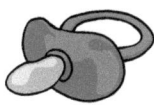

соска

tutti

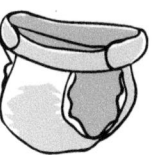

подгузник

vaippa

офис

toimisto

сервер
palvelin
канцелярский шкаф
asiakirjakaappi
принтер
tulostin
бумага
paperi
монитор
näyttö
мышь
hiiri
письменный стол
kirjoituspöytä
папка
kansio
клавиатура
näppäimistö
корзина для бумаг
roskakori
компьютер
tietokone
стул
tuoli

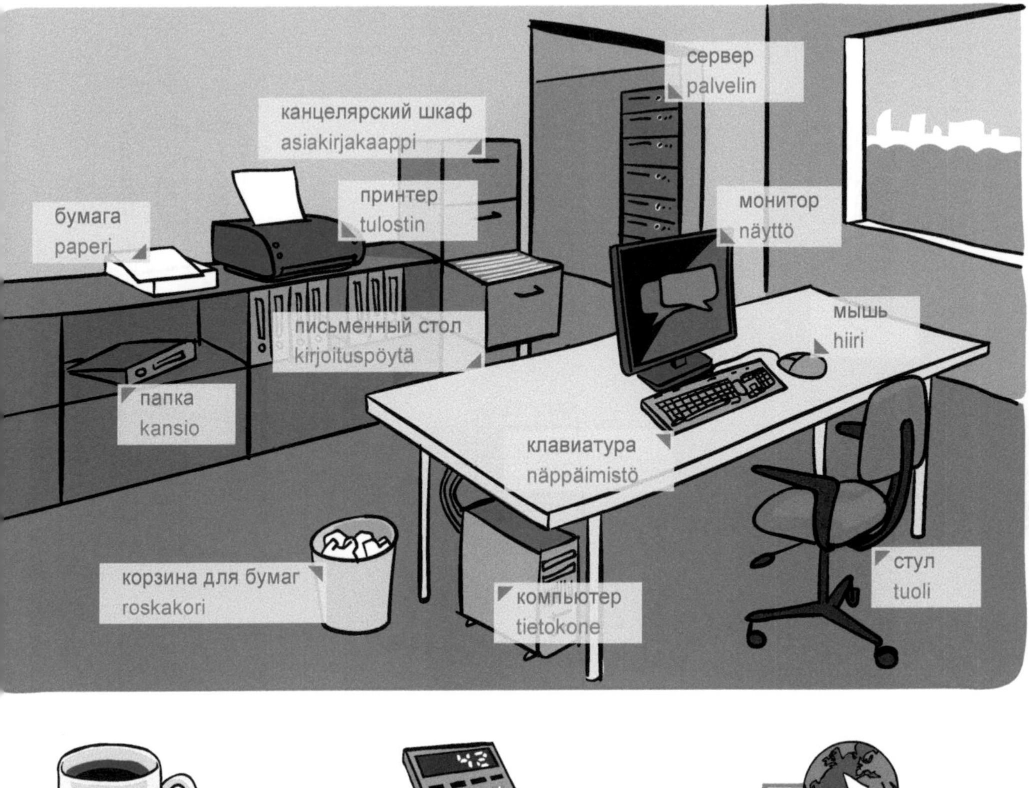

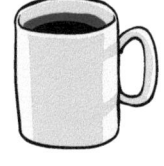

кофейная кружка

kahvimuki

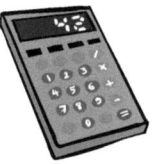

калькулятор

taskulaskin

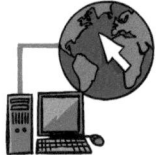

интернет

internet

ноутбук

kannettava tietokone

письмо

kirje

сообщение

viesti

мобильный телефон

kännykkä

сеть

verkko

ксерокс

kopiokone

программа

ohjelmisto

телефон

puhelin

розетка

pistorasia

факс

faksi

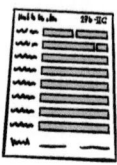

формуляр

lomake

документ

asiakirja

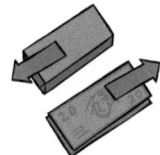

покупать

ostaa

платить

maksaa

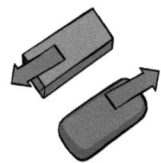

торговать

vaihtaa

деньги

raha

доллар

dollari

евро

euro

иена

jeni

рубль

rupla

франк

frangi

жэньминьби юань

renminbi juan

рупия

rupia

банкомат

pankkiautomaatti

пункт обмена валюты

rahanvaihto

золото

kulta

серебро

hopea

нефть

öljy

энергия

energia

цена

hinta

договор

sopimus

налог

vero

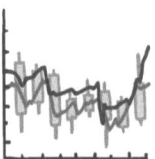

акция

osake

работать

työskennellä

служащий

työntekijä

работодатель

työnantaja

фабрика

tehdas

магазин

liike

профессии

ammatit

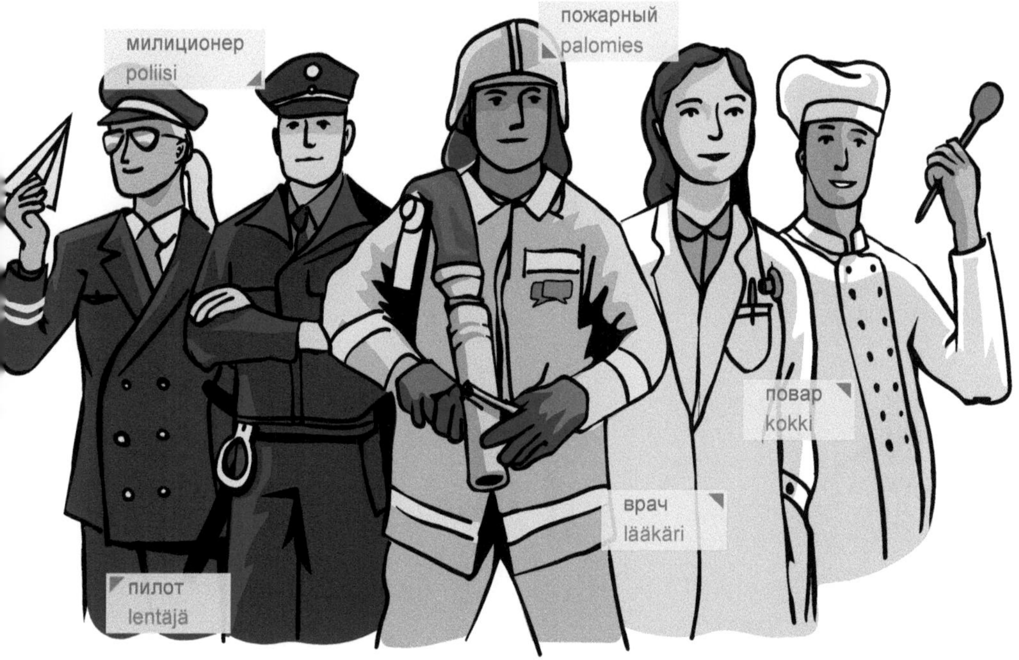
милиционер
poliisi
пожарный
palomies
повар
kokki
врач
lääkäri
пилот
lentäjä

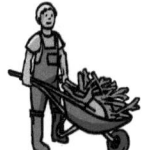

садовник

puutarhuri

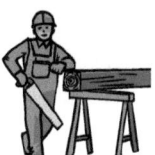

столяр

puuseppä

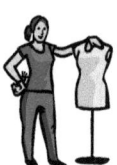

швея

ompelija

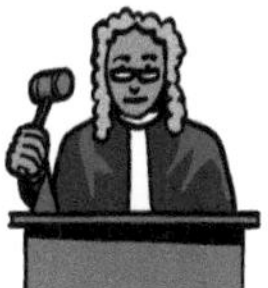

судья

tuomari

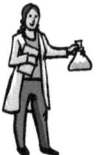

химик

kemisti

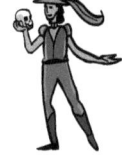

актёр

näyttelijä

водитель автобуса

linja-autonkuljettaja

таксист

taksinkuljettaja

рыбак

kalastaja

уборщица

siivooja

кровельщик

katontekijä

официант

tarjoilija

охотник

metsästäjä

художник

maalari

пекарь

leipuri

электрик

sähköasentaja

строитель

rakentaja

инженер

insinööri

мясник

teurastaja

сантехник

putkiasentaja

почтальон

postinjakaja

солдат
sotilas

архитектор
arkkitehti

кассир
kassanhoitaja

флорист
floristi

парикмахер
kampaaja

кондуктор
konduktööri

механик
mekaanikko

капитан
kapteeni

зубной врач
hammaslääkäri

ученый
tiedemies

раввин
rabbi

имам
imaami

монах
munkki

священник
pappi

инструменты

työkalut

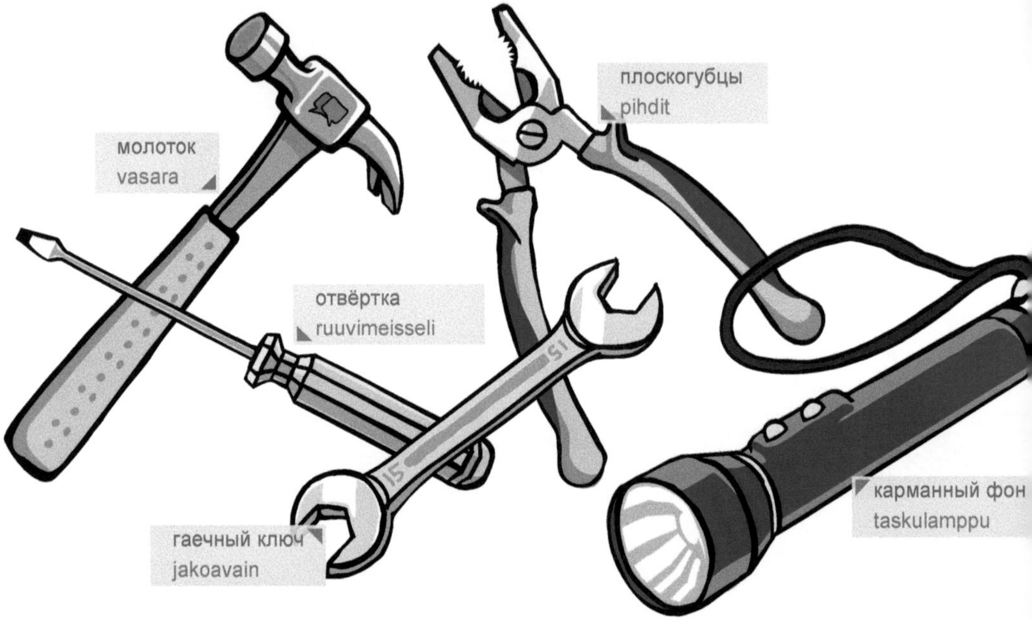

молоток
vasara
плоскогубцы
pihdit
отвёртка
ruuvimeisseli
гаечный ключ
jakoavain
карманный фон
taskulamppu

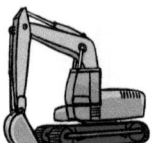

экскаватор

kaivinkone

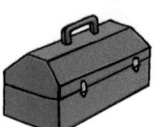

ящик для инструментов

työkalupakki

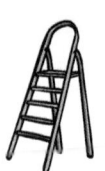

стремянка

tikkaat

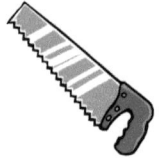

пила

saha

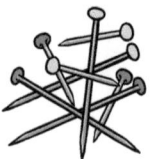

гвозди

naulat

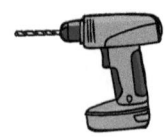

дрель

pora

ремонтировать

korjata

лопата

lapio

Блин!

Hitto!

совок

rikkalapio

ведро с краской

maalipurkki

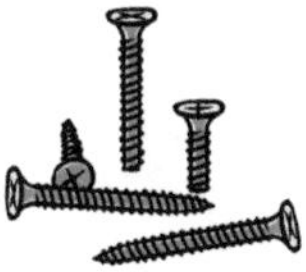

винты

ruuvit

музыкальные инструменты
soittimet

громкоговоритель
kaiuttimet

ударный инструмент
rummut

гитара
kitara

контрабас
kontrabasso

труба
trumpetti

пианино

piano

скрипка

viulu

бас-гитара

basso

литавры

patarummut

барабан

rumpu

синтезатор

kosketinsoitin

саксофон

saksofoni

флейта

huilu

микрофон

mikrofoni

зоопарк

eläintarha

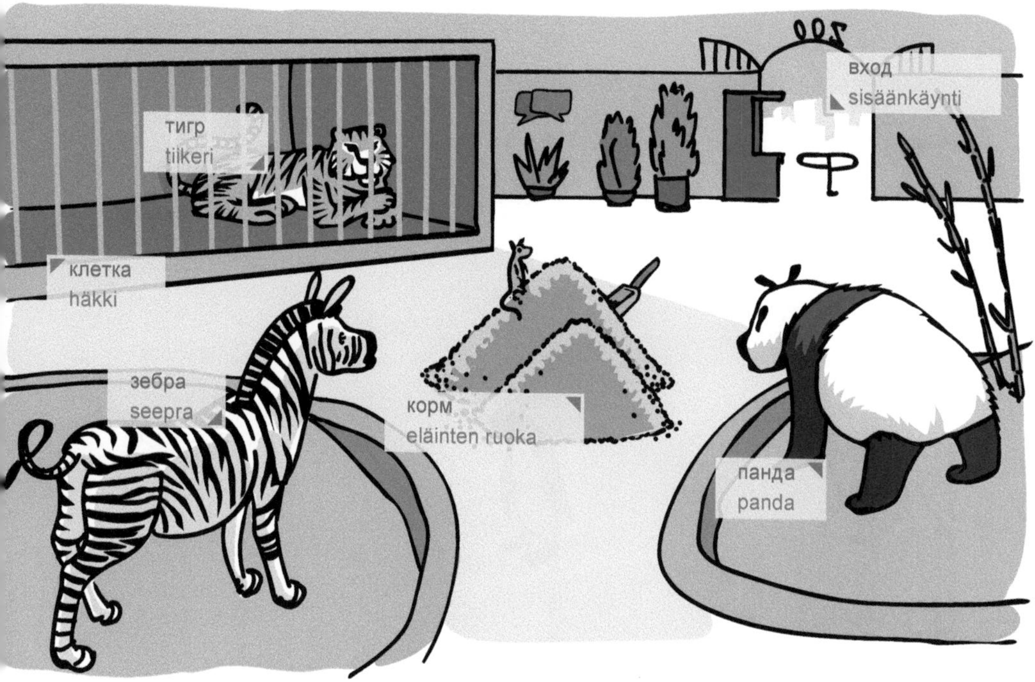
вход
sisäänkäynti
тигр
tiikeri
клетка
häkki
зебра
seepra
корм
eläinten ruoka
панда
panda

животные

eläimet

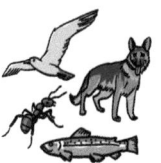

слон

norsu

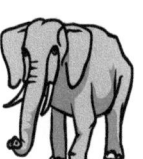

кенгуру

kenguru

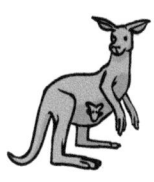

носорог

sarvikuono

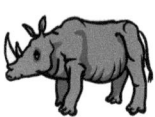

горилла

gorilla

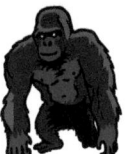

медведь

karhu

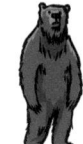

верблюд

kameli

страус

strutsi

лев

leijona

обезьяна

apina

фламинго

flamingo

попугай

papukaija

белый медведь

jääkarhu

пингвин

pingviini

акула

hai

павлин

riikinkukko

змея

käärme

крокодил

krokotiili

служитель зоопарка

eläintarhanhoitaja

тюлень

hylje

ягуар

jaguaari

пони

poni

леопард

leopardi

бегемот

virtahepo

жираф

kirahvi

орёл

kotka

кабан

villisika

рыба

kala

черепаха

kilpikonna

морж

mursu

лиса

kettu

газель

gaselli

американский футбол
amerikkalainen jalkapallo

езда на велосипеде
pyöräily

теннис
tennis

баскетбол
koripallo

плавание
uinti

бокс
nyrkkeily

хоккей
jääkiekko

футбол
jalkapallo

бадминтон
sulkapallo

лёгкая атлетика
yleisurheilu

гандбол
käsipallo

лыжный спорт
hiihto

поло
poolo

действия
aktiviteetit

прыгать
hypätä
обнимать
halata
смеяться
nauraa
идти
kävellä
петь
laulaa
мечтать
unelmoida
молиться
rukoilla
целовать
suudella

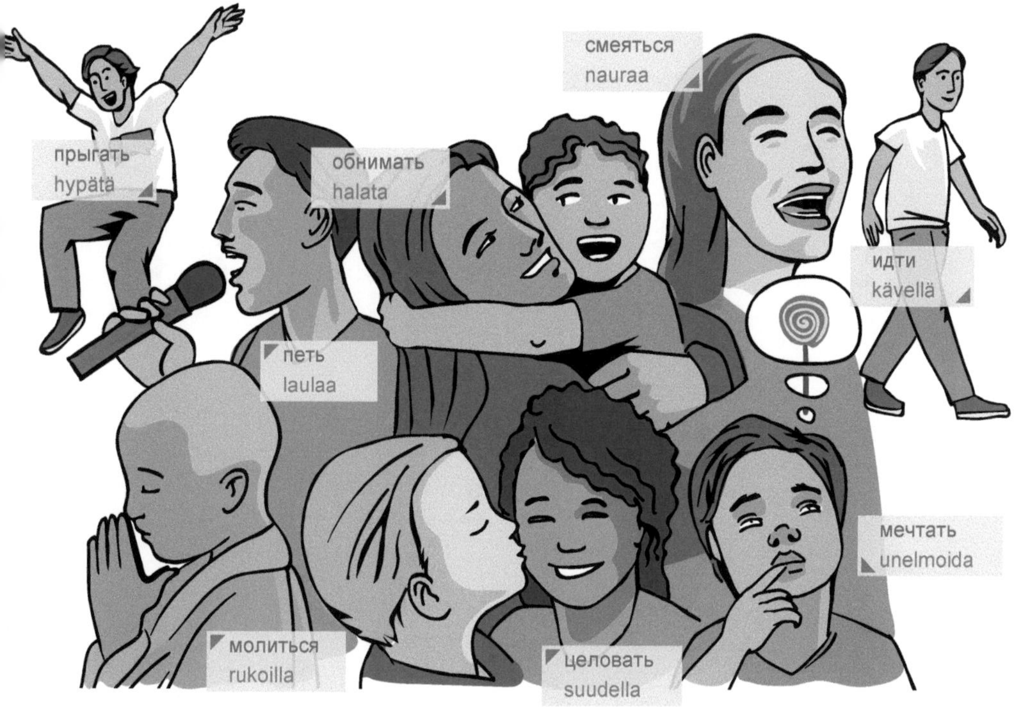

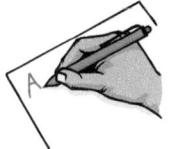

писать
kirjoittaa

рисовать
piirtää

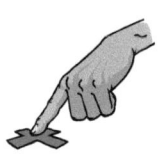

показывать
näyttää

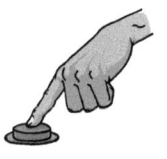

нажимать
painaa

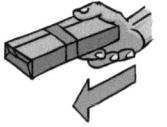

давать
antaa

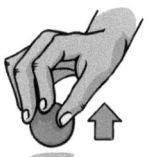

брать
ottaa

иметь
omistaa

делать
tehdä

быть
olla

стоять
seisoa

бежать
juosta

тянуть
vetää

бросать
heittää

падать
kaatua

лежать
maata

ждать
odottaa

носить
kantaa

сидеть
istua

надевать
pukeutua

спать
nukkua

просыпаться
herätä

рассматривать

katsoa

плакать

itkeä

гладить

silittää

причесывать

kammata

говорить

puhua

понимать

ymmärtää

спрашивать

kysyä

слушать

kuunnella

пить

juoda

кушать

syödä

наводить порядок

siivota

любить

rakastaa

готовить

keittää

ехать

ajaa

летать

lentää

ходить под парусом

purjehtia

считать

laskea

читать

lukea

учиться

oppia

работать

työskennellä

вступать в брак

mennä naimisiin

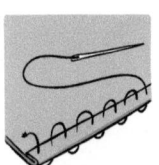

шить

ommella

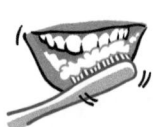

чистить зубы

pestä hampaat

убивать

tappaa

курить

tupakoida

отправлять

lähettää

семья

perhe

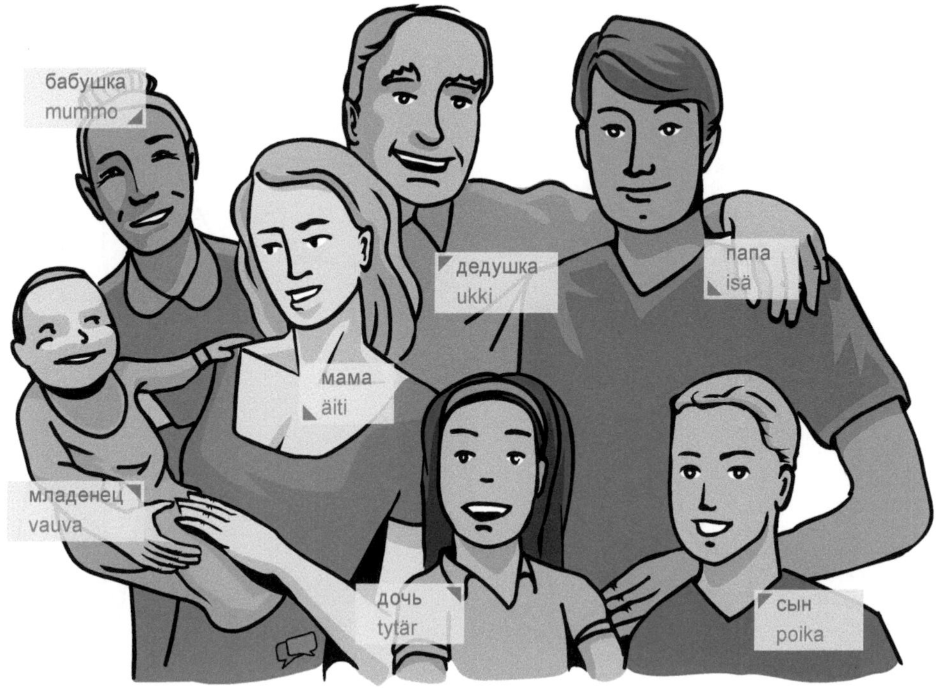
бабушка
mummo
дедушка
ukki
папа
isä
мама
äiti
младенец
vauva
дочь
tytär
сын
poika

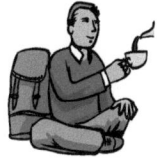

гость

vieras

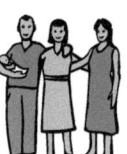

тетя

täti

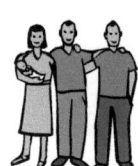

дядя

setä

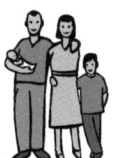

брат

veli

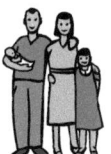

сестра

sisko

тело
vartalo

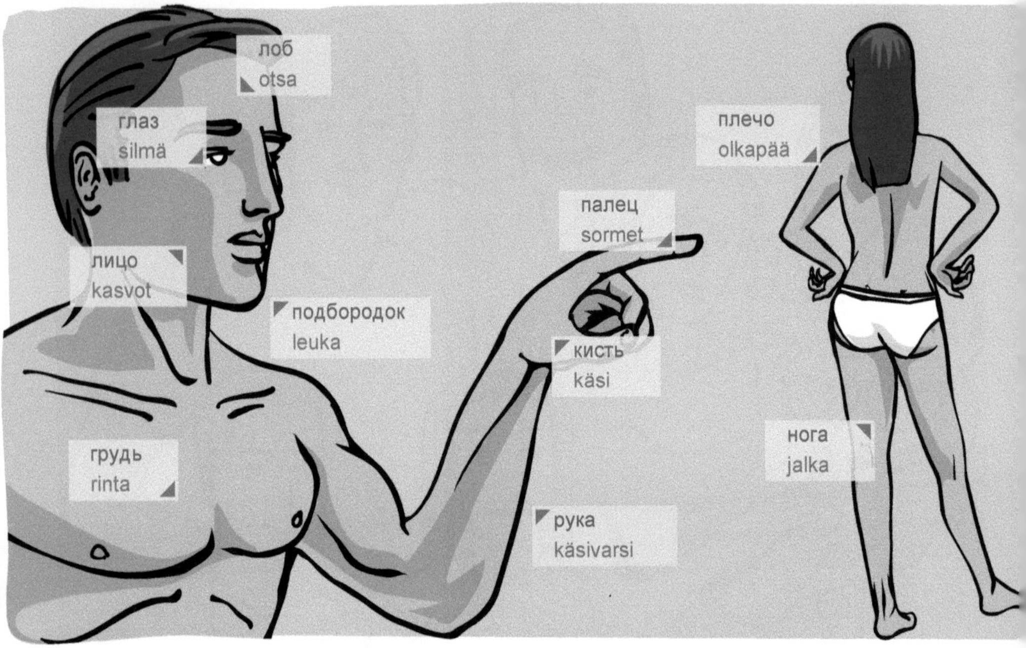

лоб
otsa
глаз
silmä
плечо
olkapää
палец
sormet
лицо
kasvot
подбородок
leuka
кисть
käsi
нога
jalka
грудь
rinta
рука
käsivarsi

младенец
vauva

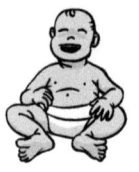

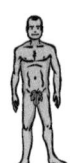

мужчина
mies

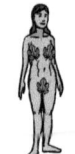

женщина
nainen

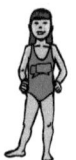

девочка
tyttö

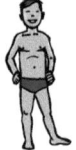

мальчик
poika

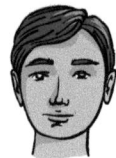

голова
pää

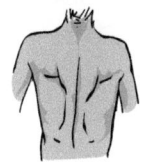

спина

selkä

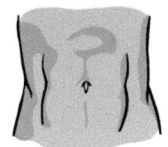

живот

maha

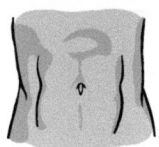

пупок

napa

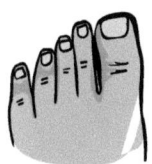

палец ноги

varvas

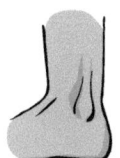

пятка

kantapää

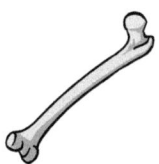

кость

luu

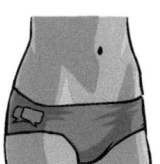

бедро

lantio

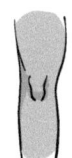

колено

polvi

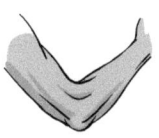

локоть

kyynärpää

нос

nenä

ягодицы

takapuoli

кожа

iho

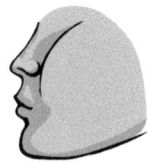

щека

poski

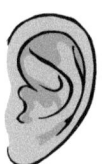

ухо

korva

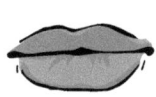

губа

huuli

тело - vartalo

рот

suu

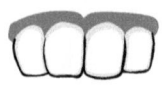

зуб

hammas

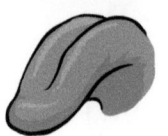

язык

kieli

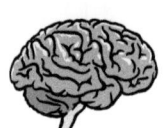

мозг

aivot

сердце

sydän

мышца

lihas

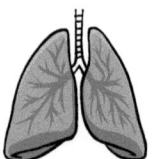

лёгкое

keuhkot

печень

maksa

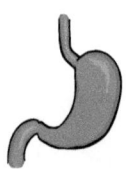

желудок

vatsa

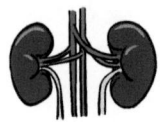

почки

munuaiset

половой акт

seksi

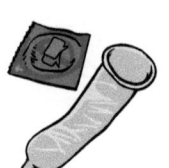

презерватив

kondomi

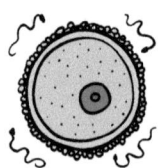

яйцеклетка

munasolu

сперма

sperma

беременность

raskaus

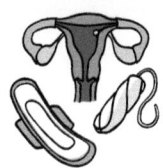

менструация

kuukautiset

вагина

vagina

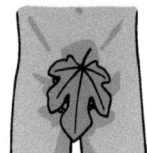

пенис

penis

бровь

kulmakarvat

волосы

hiukset

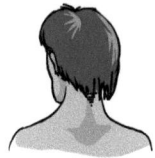

шея

niska

больница

sairaala

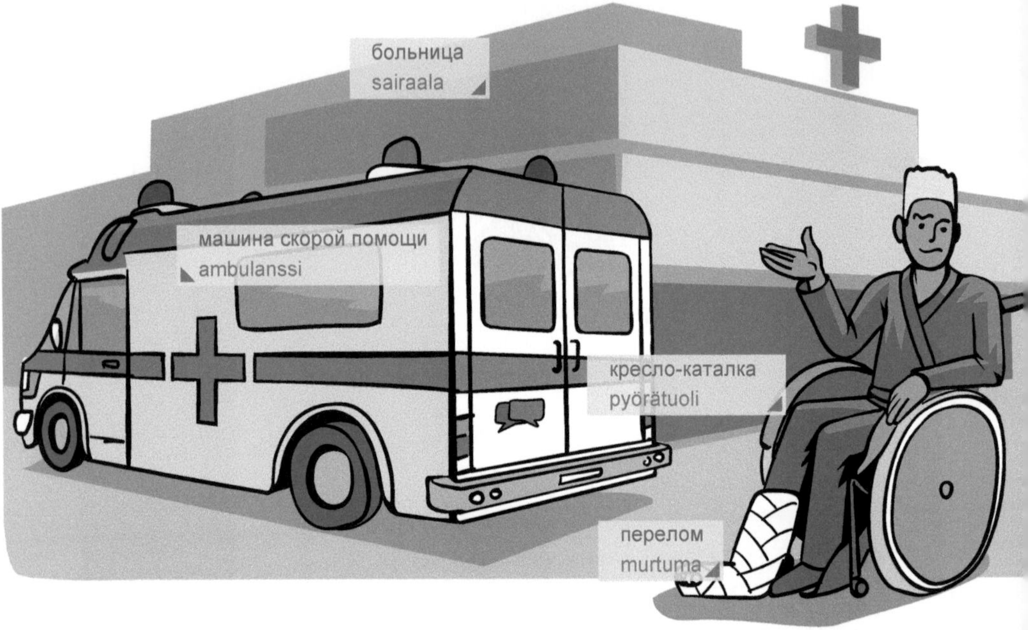

больница
sairaala
машина скорой помощи
ambulanssi
кресло-каталка
pyörätuoli
перелом
murtuma

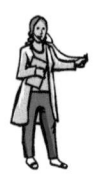

врач

lääkäri

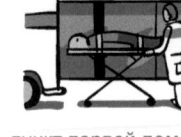

пункт первой помощи

ensiapu

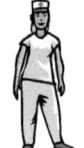

медсестра

sairaanhoitaja

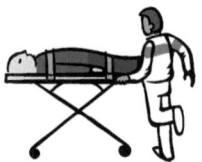

неотложный случай

hätätilanne

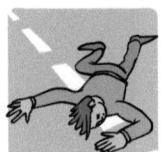

без сознания

tajuton

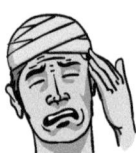

боль

kipu

повреждение

vamma

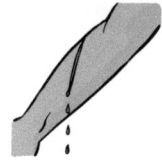

кровотечение

verenvuoto

инфаркт

sydänkohtaus

инсульт

aivoinfarkti

аллергия

allergia

кашель

yskä

повышенная температура

kuume

грипп

flunssa

понос

ripuli

головная боль

päänsärky

рак

syöpä

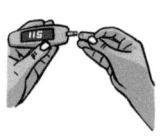

диабет

diabetes

хирург

kirurgi

скальпель

veitsi

операция

leikkaus

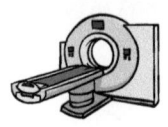

КТ

ct

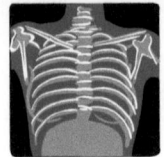

рентген

röntgen

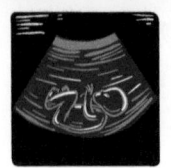

ультразвук

ultraääni

маска

maski

болезнь

sairaus

приёмная

odotushuone

костыль

sauva

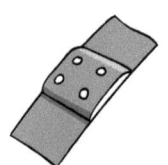

пластырь

laastari

бинт

side

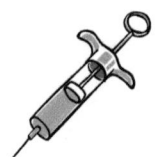

укол

pistos

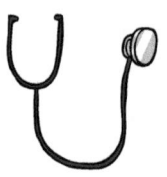

стетоскоп

stetoskooppi

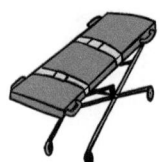

носилки

paarit

термометр

kuumemittari

рождение

syntymä

избыточный вес

ylipaino

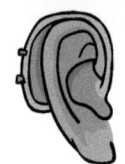

слуховой аппарат

kuulolaite

дезинфекционное средство

desinfiointiaine

инфекция

infektio

вирус

virus

ВИЧ / СПИД

HIV / AIDS

лекарство

lääke

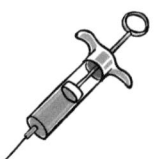

прививка

rokotus

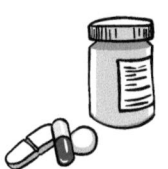

таблетки

tabletit

противозачаточная таблетка

pilleri

экстренный вызов

hätäpuhelu

прибор для измерения кровяного давления

verenpainemittari

больной / здоровый

sairas / terve

Помогите!

Apua!

сигнал тревоги

hälytys

нападение

ryöstö

атака

hyökkäys

опасность

vaara

запасной выход

hätäuloskäynti

Пожар!

Tulipalo!

огнетушитель

palosammutin

несчастный случай

onnettomuus

аптечка

ensiapulaukku

SOS

SOS

милиция

poliisilaitos

Европа

Eurooppa

Северная Америка

Pohjois-Amerikka

Южная Америка

Etelä-Amerikka

Африка

Afrikka

Азия

Aasia

Австралия

Australia

Атлантический океан

Atlantin valtameri

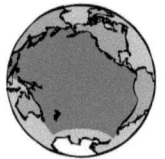

Тихий океан

Tyynimeri

Индийский океан

Intian valtameri

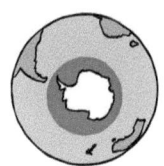

Антарктический океан

Eteläinen jäämeri

Северный Ледовитый
океан
Pohjoinen jäämeri

Северный полюс

pohjoisnapa

Южный полюс

etelänapa

Антарктика

Antarktis

земля

maa

суша

maa

море

meri

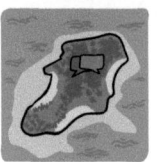

остров

saari

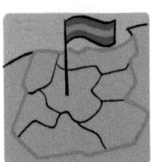

нация

kansa

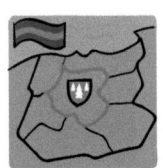

государство

osavaltio

циферблат

kellotaulu

часовая стрелка

tuntiviisari

минутная стрелка

minuuttiviisari

секундная стрелка

sekuntiviisari

Который час?

Paljonko kello on?

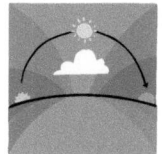

день

päivä

время

aika

сейчас

nyt

электронные часы

digitaalikello

минута

minuutti

час

tunti

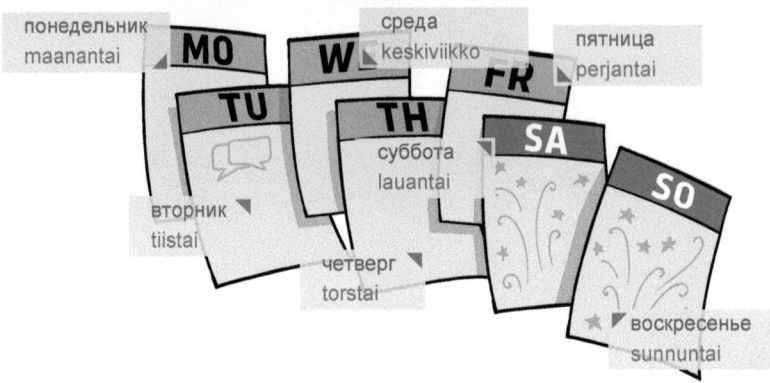

понедельник
maanantai — **MO**

W — среда
keskiviikko

FR — пятница
perjantai

TU

TH

SA

суббота
lauantai

SO

вторник
tiistai

четверг
torstai

воскресенье
sunnuntai

вчера

eilen

сегодня

tänään

завтра

huomenna

утро

aamu

полдень

keskipäivä

вечер

ilta

MO	TU	WE	TH	FR	SA	SU
1	2	3	4	5	6	7
8	9	10	11	12	13	14
15	16	17	18	19	20	21
22	23	24	25	26	27	28
29	30	31	1	2	3	4

рабочие дни

työpäivät

MO	TU	WE	TH	FR	SA	SU
1	2	3	4	5	6	7
8	9	10	11	12	13	14
15	16	17	18	19	20	21
22	23	24	25	26	27	28
29	30	31	1	2	3	4

выходные

viikonloppu

дождь
sade

радуга
sateenkaari

ветер
tuuli

снег
lumi

весна
kevät

осень
syksy

лето
kesä

зима
talvi

4.APRIL	11°	☀
5.APRIL	4°	☁
6.APRIL	13°	🌧
7.APRIL	8°	❄
8.APRIL	10°	☀

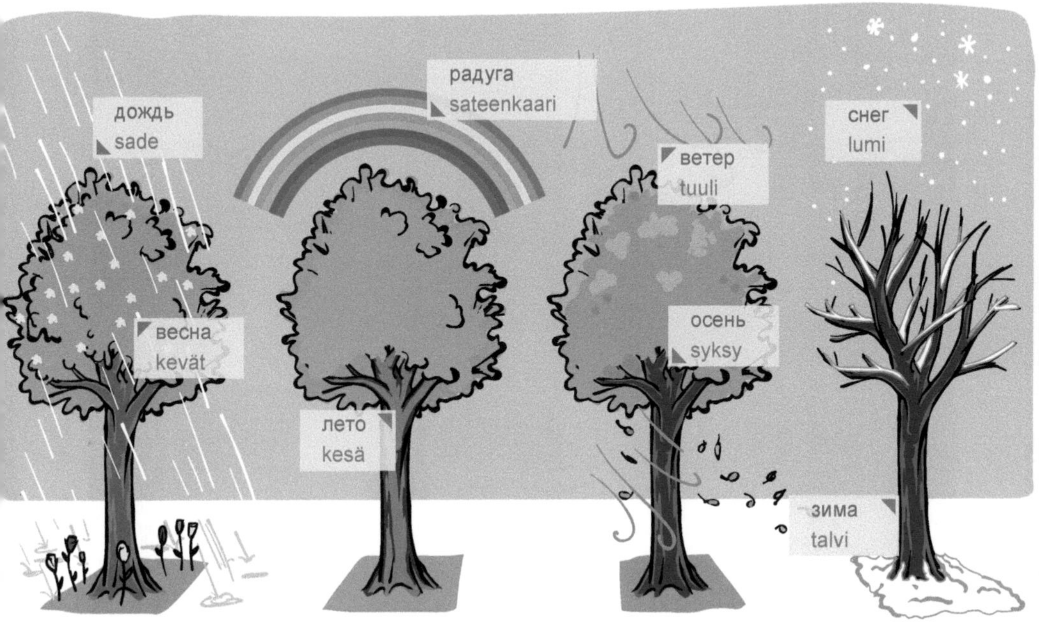

прогноз погоды

sääennuste

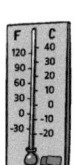

термометр

lämpömittari

солнечный свет

auringonpaiste

туча

pilvi

туман

sumu

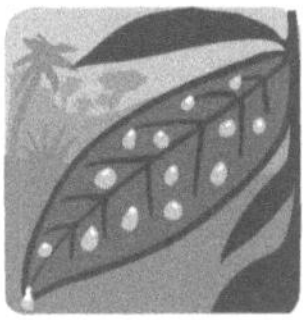

влажность воздуха

ilmankosteus

молния
....
salama

гром
....
ukkonen

буря
....
myrsky

град
....
rae

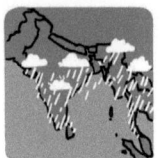

муссон
....
monsuuni

наводнение
....
tulva

лёд
....
jää

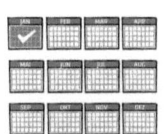

январь
....
tammikuu

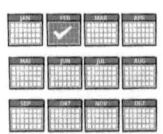

февраль
....
helmikuu

март
....
maaliskuu

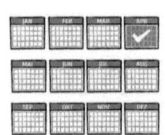

апрель
....
huhtikuu

май
....
toukokuu

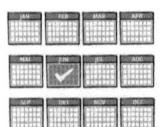

июнь
....
kesäkuu

июль
....
heinäkuu

август
....
elokuu

год - vuosi

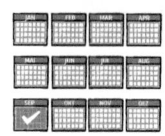

сентябрь

syyskuu

октябрь

lokakuu

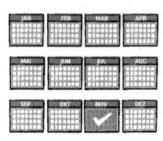

ноябрь

marraskuu

декабрь

joulukuu

формы
muodot

круг

ympyrä

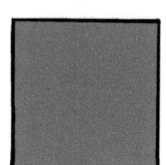

квадрат

neliö

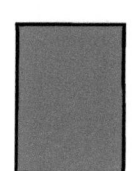

прямоугольник

suorakulmio

треугольник

kolmio

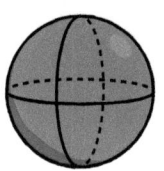

шар

pallo

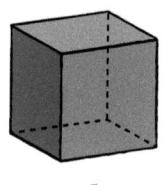

куб

kuutio

белый

valkoinen

желтый

keltainen

оранжевый

oranssi

розовый

vaaleanpunainen

красный

punainen

лиловый

violetti

синий

sininen

зелёный

vihreä

коричневый

ruskea

серый

harmaa

черный

musta

много / мало

paljon / vähän

яростный / мирный

vihainen / ystävällinen

красивый / уродливый

kaunis / ruma

начало / конец

alku / loppu

большой / маленький

suuri / pieni

светлый / темный

vaalea / tumma

брат / сестра

veli / sisko

чистый / грязный

puhdas / likainen

полный / неполный

täydellinen / epätäydellinen

день / ночь

päivä / yö

мёртвый / живой

kuollut / elävä

широкий / узкий

leveä / kapea

съедобный / несъедобный

syötävä / syömäkelvoton

злой / дружелюбный

paha / kiltti

взволнованный / скучающий

innostunut / tylsistynyt

толстый / худой

lihava / laiha

сначала / в конце

ensimmäinen / viimeinen

друг / враг

ystävä / vihollinen

полный / пустой

täysi / tyhjä

твёрдый / мягкий

kova / pehmeä

тяжёлый / лёгкий

painava / kevyt

голод / жажда

nälkä / jano

больной / здоровый

sairas / terve

незаконный / законный

laiton / laillinen

умный / глупый

älykäs / tyhmä

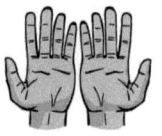

слева / справа

vasen / oikea

близко / далеко

lähellä / kaukana

новый / подержанный

uusi / käytetty

ничто / нечто

ei mitään / jotain

старый / молодой

vanha / nuori

включено / выключено

päällä / pois päältä

открыто / закрыто

auki / kiinni

тихо / громко

hiljainen / äänekäs

богатый / бедный

rikas / köyhä

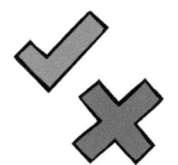

правильный /
неправильный
oikein / väärin

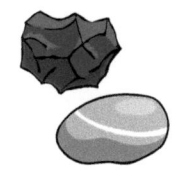

шероховатый / гладкий

karhea / sileä

печальный / счастливый

surullinen / iloinen

короткий / длинный

lyhyt / pitkä

медленный / быстрый

hidas / nopea

мокрый / сухой

märkä / kuiva

тёплый / прохладный

lämmin / viileä

война / мир

sota / rauha

0

ноль

nolla

1

один

yksi

2

два

kaksi

3

три

kolme

4

четыре

neljä

5

пять

viisi

6

шесть

kuusi

7

семь

seitsemän

8

восемь

kahdeksan

9

девять

yhdeksän

10

десять

kymmenen

11

одиннадцать

yksitoista

12

двенадцать

kaksitoista

13

тринадцать

kolmetoista

14

четырнадцать

neljätoista

15

пятнадцать

viisitoista

16

шестнадцать

kuusitoista

17

семнадцать

seitsemäntoista

18

восемнадцать

kahdeksantoista

19

девятнадцать

yhdeksäntoista

20

двадцать

kaksikymmentä

100

сто

sata

1.000

тысяча

tuhat

1.000.000

миллион

miljoona

английский

englanti

американский английский

amerikanenglanti

мандаринский китайский

mandariinikiina

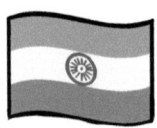

хинди

hindi

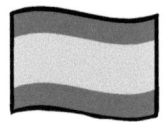

испанский

espanja

французский

ranska

арабский

arabia

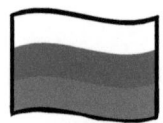

русский

venäjä

португальский

portugali

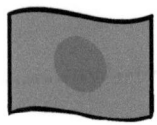

бенгальский

bengali

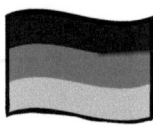

немецкий

saksa

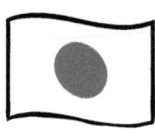

японский

japani

я

minä

ты

sinä

он / она / оно

hän

мы

me

вы

te

они

he

кто?

kuka?

что?

mitä / mikä?

как?

miten?

где?

missä?

когда?

milloin?

имя

nimi

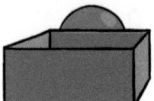

за
....
takana

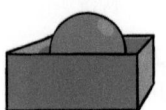

в
....
sisällä

перед
....
edessä

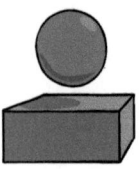

над
....
yläpuolella

на
....
päällä

под
....
alapuolella

рядом
....
vieressä

между
....
välissä

место
....
paikka